ÉLECTIONS DES DÉPUTÉS

PROGRAMME D'UN CANDIDAT

DÉVOUÉ

AU BONHEUR DE LA SOCIÉTÉ

PAR

LAGET DAVID

Prix : 25 Centimes

NICE

TYPOGRAPHIE ET LITHOGRAPHIE S. CAUVIN-EMPEREUR
Rue de la Préfecture, 6.

1877.

ÉLECTIONS DES DÉPUTÉS

PROGRAMME D'UN CANDIDAT

DÉVOUÉ

AU BONHEUR DE LA SOCIÉTÉ

PAR

LAGET DAVID

Prix : 25 Centimes

NICE

TYPOGRAPHIE ET LITHOGRAPHIE S. CAUVIN-EMPEREUR
Rue de la Préfecture, 6.

1877.

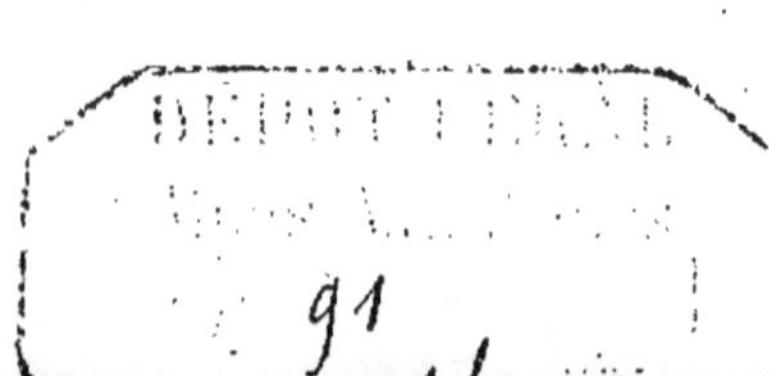

Tout exemplaire qui ne sera pas revêtu
de la signature de l'auteur sera réputé con-
trefait.

SOMMAIRE

—

Électeurs de toute la France !

C'est un sentiment d'indignation et de profonde
tristesse qui me force à reprendre la plume et à
m'écrier : que l'homme n'est pas homme ! que
son intelligence manque de lumières, et son cœur
d'ardeur pour la justice et d'amour pour ses
semblables ! Aussi la tentation me vient-elle
très-souvent de prendre une lanterne, à l'exemple
de Diogène, et de parcourir le monde pour chercher
un homme, car je n'ai connaissance d'aucun qui
soit vraiment digne de ce nom ; d'aucun qui
prouve par ses œuvres que la grande société des
hommes est un corps dont il est membre et que

C'est d'insister opiniâtrement dans leurs discours et dans leurs écrits afin de porter les gouvernements à se mettre d'accord entre eux pour régler une bonne fois pour toutes cette énorme question de la guerre, cette grande folie universelle. Mais ce devoir primordial qui est-ce qui l'a rempli jusqu'à présent et qui est-ce qui le remplira dans l'avenir? . . . .

Électeurs français, prenez en main votre lanterne et cherchez, cherchez dans le passé ; cherchez pour l'avenir, pour les élections qui vont avoir lieu, cherchez des hommes, qui soient ni républicains, ni monarchistes, ni radicaux, ni cléricaux ; mais qui soient des hommes, des hommes comprenant les devoirs d'un député, d'un envoyé, d'un représentant ; des hommes qui sentent les misères, les souffrances de leurs frères et les maux de la société entière comme s'ils étaient tous accumulés sur eux-mêmes et qui soient disposés à sacrifier tout pour l'amélioration du sort de leurs semblables. Si vous trouvez de tels hommes, réjouissez-vous, vous aurez trouvé un trésor.

Voici maintenant une partie du langage que chacun de ces hommes vous tiendra et des promesses qu'il vous fera, ou du moins un succint programme auquel il adhérera de grand cœur s'il est vraiment homme et digne de vous représenter à l'Assemblée nationale ;

« Électeurs :

Si j'aspire à l'honneur de vous représenter au Corps Législatif ce n'est pas seulement pour avoir la jouissance du traitement d'un député, ni le plaisir d'aller m'asseoir sur un fauteuil et ne rien faire ou brailler à la tribune et ne rien dire ; mais bien pour travailler sérieusement à l'amélioration de votre sort et à celui de la société tout entière. Dans ce but, voici en douze articles une partie de mes convictions, de ce que je demanderai et de ce que je vous promets de faire.

1º Union des Partis.

La première fois que je parlerai ce sera pour faire entendre des paroles d'union, de paix et de travail ; j'inviterai tous mes collègues à s'unir pour bannir de la Chambre ces abominables étiquettes qui portent : Droite, Gauche, Centre droit, Centre gauche, etc., ainsi que ces expressions creuses et banales de : Républicain, Monarchiste, Légitimiste, Impérialiste, etc, etc..... étiquettes et expressions qui sont comme autant de tisons bons seulement à entretenir le foyer de la division et de la discorde et à paralyser la marche du travail. Je demanderai donc à l'Assemblée qu'elle cesse de donner au monde le scandale de la désunion pour ne faire plus à l'avenir qu'un corps et qu'une âme tendant au même but par la persévérance dans le travail.

2° La Paix.

Persuadé que la guerre est le désordre actuel de la société, l'abîme où sont englouties d'immenses sommes d'argent, la cause permanente de l'élévation des impôts, une folie sans pareille, une barbarie et cruauté inutiles, un fléau épouvantable toujours suspendu au-dessus de nos têtes et menaçant de ruiner la société, je demanderai que la France prenne les devants et fasse appel à toutes les autres puissances pour les inviter à un Congrès européen ayant pour but d'arriver à un désarmement, à un accord, à une entente et à une paix générale, solide et durable. Je persévèrerai dans cette demande jusqu'à ce qu'elle soit prise en considération, car il ne suffit pas de parler légèrement de la paix et de ne rien faire pour la consolider : c'est pendant l'été que l'on doit prévenir les rigueurs de l'hiver, c'est aussi pendant la paix que l'on doit travailler sans relâche à prévenir les désastres de la guerre.

3° Agriculture.

Si je suis assez heureux pour obtenir que l'on ne fabrique plus des engins de guerre, je demanderai que l'argent qu'on y consacrait soit employé à faire fleurir l'agriculture parce que je suis convaincu que c'est là que se trouve la véritable source du bien-être social. Sur cette matière il y a tant de choses à dire et à proposer en faveur de nos campagnes et des pauvres paysans qui les cultivent, qu'il n'est pas possible de pouvoir même les entamer ici ; à plus tard.

4° Administration des affaires publiques, réduction du nombre des employés.

L'administration des affaires publiques renferme une masse de complications tout à fait inutiles et par suite occupe inutilement un grand nombre d'employés. Je demanderai donc avec instances que l'on mette à l'étude la suppression de toutes ces complications et que l'on réduise graduellement et peu à peu le nombre des employés afin de pouvoir faire des économies.

5° Réduction du nombre des Sénateurs et des Députés.

Je demanderai par exemple que le nombre des députés, ainsi que celui des sénateurs, soit réduit à un par département et je soutiendrai que c'est assez. Alors entre députés, sénateurs, ministres et chef de l'Etat, au lieu d'être plus de mille comme ils sont actuellement, le nombre en sera réduit à environ deux cents, et c'est assez de monde pour gouverner un peuple. Cette réduction donnera quelques jolis millions d'économie, et la marche des affaires ne s'en trouvera pas plus mal. Que de celle-là on juge des autres.

6° Diminution des gros traitements et augmentation des petits.

Je demanderai aussi que les gros traitements soient diminués et que les petits soient augmentés ; car, il n'est pas juste que des employés aient des centaines de mille francs de traitement, tandis que d'autres n'ont que quelques centaines de francs. En voyant ces disproportions et le nombre d'employés inutiles, les pauvres gens crient ; et, dans leur langage, ils accusent les gouvernements de nourrir beaucoup de gourmands et beaucoup de fainéants ; dans ce langage du pauvre il y a quelque chose de vrai. J'insisterai donc pour que ces traitements soient réduits à de justes proportions.

7° Augmentation du salaire de l'ouvrier.

Au point de cherté où sont actuellement les vivres, l'ouvrier n'est pas assez payé : il faudrait que les moindres journées d'un homme valide et qui travaille consciencieusement, fussent de cinq francs au moins ; et cette somme ne serait pas trop grosse pour que cet homme, s'il n'a que ses bras, comme cela arrive très-souvent, pût se maintenir convenablement lui-même, sa femme, ses enfants et quelquefois de vieux parents. Je ferai ressortir devant l'Assemblée nationale la nécessité de cette augmentation, tant pour satisfaire à la justice que pour soulager la misère de beaucoup de pauvres travailleurs. Mais avant que cette augmentation puisse avoir lieu, il faut que les articles précédents soient pris en considération et que l'on ait avisé aux moyens de concilier tous les intérêts et surtout ceux de l'agriculture. Tout cela demande beaucoup de travail et beaucoup de bonne volonté.

8° La Religion et les Athées.

En fait de religion je demanderai qu'on laisse la plus complète liberté, pour toutes celles qui sont reconnues, mais que l'on soit impitoyable pour l'athéisme là où il se manifeste, parce que l'athéisme n'est pas une religion et que la religion est nécessaire à l'humanité qui dans tous les temps et dans toutes les conditions en a professé une.

L'athéisme doit être considéré comme un monstre difforme, très-nuisible à la société et dont le seul aspect est capable de causer la mort. En conséquence, je demanderai que les athées, c'est-à-dire ceux qui ne croient pas en Dieu, qui professent ostensiblement cette négation infâme dans leurs écrits ou dans leurs discours, soient privés de leurs droits civils et politiques et déclarés indignes de remplir la moindre fonction publique.

9° Ministres de la Religion, leur Traitement.

Si la religion est d'une nécessité indispensable, il faut qu'elle soit honorée, respectée et que ses ministres soient payés ; ainsi je proposerai que l'on augmente le traitement des curés et des vicaires et qu'on leur fasse une retaite ; mais aussi que l'on supprime totalement leur casuel et ce trafic d'argent qui se fait dans les églises ; parce que tout cela a déjà porté assez de préjudice à la religion ; de cette manière les pauvres gens pourront naître, se marier et mourir sans avoir besoin de recourir à leur bourse.

10° Instruction primaire.

L'instruction primaire laisse énormément à désirer. L'instituteur commence à jouir d'un peu de traitement, mais sa classe, dans bien des pays, est souvent presque déserte et sans beaucoup de progrès ; dans les campagnes les parents occupent leurs enfants tant bien que mal et dans les villes il y en a passablement qui font les vagabonds. Cet état de choses durera tant que l'instruction ne sera pas rendue obligatoire, et peut-être que, même alors, il ne cessera pas entièrement. Pour faire quelque chose de bien il faudrait que l'enfance des deux sexes, à partir de l'âge de six ans, fût retenue dans des établissements d'instruction tous les jours depuis le lever du soleil jusqu'à la tombée de la nuit, sous la direction de maîtres sérieux, instruits et capables en tout point de bien la diriger. A l'âge de douze ans, et avant dans bien des cas, l'enfant devrait commencer à aider ses parents et apprendre un métier, mais tout en demeurant soumis à trois ou quatre heures de classe par jour. Les dimanches et fêtes, il serait tenu de rester toute la journée sous la surveillance de ces maîtres, et ce genre de vie durerait au moins jusqu'à l'âge de seize ans révolus ; alors seulement la loi pourrait l'émanciper, quant à l'instruction. Ainsi élevée la jeunesse s'instruirait et débuterait par de bien meilleurs principes dans la carrière de la vie, car il y a de quoi trembler pour l'avenir de la société en voyant de quelle manière elle se conduit de nos jours. Mais la réalisation de ce projet demande beaucoup de dépenses pour l'augmentation du personnel des instituteurs, de leur traitement et pour l'acquisition d'établissements propices. De là encore la nécessité de faire des économies. Je demanderai donc à l'Assemblée nationale l'étude de ce projet dont la réalisation serait un grand bienfait pour la société.

11° Indemnités aux Maires.

Jusqu'à présent les fonctions de maire ont été gratuites et néanmoins elles ne sont pas exemptes de responsabilité, de tracasseries, de dérangements, de travail et même de dépenses, donc, il n'est pas juste que ces dignes fonctionnaires n'aient d'autre rémunération que l'honneur de leur place. Je proposerai qu'il leur soit accordé une gratification annuelle à titre d'indemnité pour frais de représentation et de déplacement. Cette gratification pourra être partagée avec l'adjoint quand il remplira les fonctions de Maire, comme cela arrive dans bien des communes.

12° Promesses à mes Électeurs.

Électeurs,

Je vous promets de faire annuellement une visite dans chacune de vos communes respectives en commençant par les plus pauvres et de prendre bonne note de vos nécessités afin de les exposer au gouvernement pour qu'il y porte remède ; de plus comme les questions que je viens d'exposer ci-devant demandent beaucoup de développement, je ferai imprimer tous les discours que je prononcerai à cet effet à la Chambre et j'en enverrai aussitôt quelques exemplaires aux personnes les plus, notables de chacune de vos localités afin qu'elles puissent vous en faire part. Je vous promets enfin de faire toutes les demandes énumérées ci-dessus et de tenir toutes mes promesses ; de faire beaucoup plus que je ne vous promets, si Dieu m'en donne la force, toujours pour vous être utile, afin de ne pas être seulement un député de nom mais de fait.

A quoi bon avoir une charge si l'on ne s'acquitte pas des devoirs qu'elle impose. . . . . .

« Électeurs,

Je vous ai un peu ouvert mon cœur, faites-moi voir le vôtre ; et si jamais je manque à ma parole, dites que je ne suis pas un homme.

X. »

CONCLUSION.

France et Français, Candidats et Électeurs, politiques de toutes sortes ! accepteriez-vous un tel programme s'il était affiché sur les murs de vos cités ? et seriez-vous bien aises d'avoir pour représentants des hommes qui professeraient une telle doctrine ?..... Répondez-moi oui ou non.

Pour moi j'attends une réponse négative, parce que s'il en était autrement le bonheur descendrait sur ma patrie pour s'étendre de là sur tous les rangs de la société ; mais la société des hommes n'a plus de place pour lui : tout est occupé par les jalousies, les discordes, les haines, les vengeances, etc., etc., etc.; et pour chasser ces passions détestables il faudrait la main toute-puissante de Dieu, celle de l'homme n'y peut rien ; mais de nos jours plus que jamais la société tend à rejeter cet appui souverain. Aussi que va-t-il arriver ? Hélas ! je le pressens, mais je ne puis le dire. Seulement tant qu'on s'éloignera de l'union, de la paix, de la justice, du travail et de la religion, on ne fera rien, et ne rien faire produit beaucoup d'affaires.

Electeurs de toute la France ! je vous dis ces choses pour l'acquit de ma conscience, faites quelques choses de votre côté, donnez votre voix à des hommes ou ne la donnez à personne. Exigez un programme qui vous promette quelque chose.

LAGET DAVID.